ПТИЦЫ

РАНЧО

КНИГА ДЛЯ ДЕТЕЙ СО СМЫСЛОМ

ЕЛЕНА БУЛАТ

978-1-952907-52-4

ПТИЦЫ РАНЧО

Книга для Детей со Смыслом

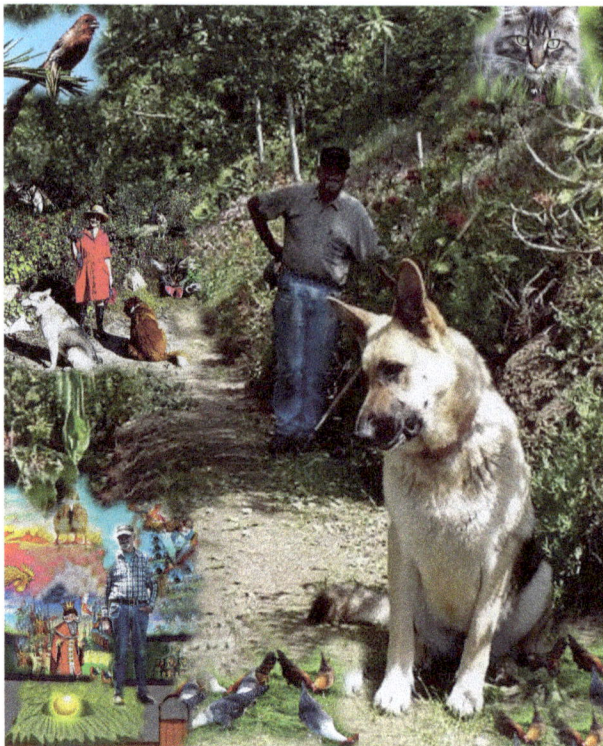

Елена Булат

***

ISBN: 978-1-952907-52-4

***

***

Хорошая Книга – это как сад в кармане.

Содержание

О книге

Это красочная книга предназначена для детей школьного возраста и рассказывающая о разных птицах Калифорнийского ранчо. Живя более двадцати пяти лет на ранчо Южной Калифорнии, автор книги ежедневно наблюдала за жизнью различных животных и птиц. Как всегда, она использует форму сказки, рассказывая о реальных событиях.

В книге есть рассказ о маленьких певчих птичках, мужественно защищающих свои гнезда, сражаясь с воронами и ястребами. Аленушка и ее собачки гуляют по ранчо, пытаясь защитить певчих птиц. Однажды Аленушка наблюдала, как отец учил своего сына добывать еду и жить самостоятельно в цивилизованном обществе птиц.

В книге есть захватывающий рассказ о мудрых и любящих совах, живущих высоко на пальмовых деревьях. Как-то эти умные ночные птицы учили своего совенка летать. А потом им пришлось вступить в бой со своим главным врагом, беспощадным ястребом. Обложка и все уникальные картинки книги выполнены автором. Эти произведения искусства необычайно многообразны, как и сама жизнь. Они украшают книгу, создавая дополнительное удовольствие при её чтении.

Об Авторе

Талантливый и разносторонний человек, Елена Булат написала много увлекательных книг на русском и английском языках опубликованных в Европе и Америке.

Журналист, прекрасная танцовщица, квалифицированный переводчик, Елена работала более двадцати лет в различных областях искусства Санкт-Петербурга. Позже, полная энергии Елена, будучи замужем за американцем, продолжала творить и за океаном. Она создала свою школу бальных танцев и Аргентинского танго. Елена сама выступала на сцене, и устраивала благотворительные концерты. А позже она начала писать воспоминания и рассказы.

Ранчо

В прекрасной и теплой Южной Калифорнии живет и процветает старое ранчо. Еще в 1960х хозяин ранчо Виктуша высадил авокадовые деревья на склонах холмов, где было теплее. А внизу его огромного ранчо на равнине стелились многочисленные ряды его цитрусовых плантаций. Хозяйский дом стоял на вершине холма, у подножия которого протекала неглубокая речка. В хорошую погоду там можно было увидеть белых журавлей, элегантно перелетавших с одного места на другое.

Иногда, после сильных дождей, эта мелкая речушка превращалась в бурлящий поток воды. Она выходила из берегов и затапливала все вокруг, добираясь до плантаций. А ближе к лету множество счастливых лягушек начинали весело петь свои свадебные хоры.

Но лучшее время на ранчо было весной, когда тысячи цитрусовых деревьев начинали цвести. Тогда этот невероятный аромат разливался вокруг, создавая атмосферу рая. Хотелось просто вдыхать и вдыхать сладкий аромат, растворяясь в нем.

Певчие Птички

На ранчо обитало множество разноцветных, певчих птичек. Особенно им казалось безопасным строить свои гнезда около дома и вокруг бассейна, где они пытались укрыться от хищных птиц. Певчие птички также селились и в саду на холме. Там они наслаждались фруктовыми деревьями и постоянно цветущими кустами и растениями. Как-то Аленушка разместила на деревьях в саду несколько птичьих домиков. Ей было приятно просыпаться под волшебное пение жизнерадостных птичек.

***

Певчие птички появлялись в марте, и сразу же начинали искать партнеров, с которыми они могли бы играть в разные игры и создавать семью. Март всегда был самым шумным и напряженным временем для птиц. Пораньше с утра они радовали всех прекрасными песнями о любви, прославляя зарождение новой жизни.

Затем, в апреле птицы формировали свои семьи и начинали строить гнезда. Они давно поняли, что вороны и ястребы тоже живут поблизости, намерены разрушать их гнезда и птенцов. Поэтому, поумнев, певчие птички, стали строить свои гнезда в более защищенных местах, у самого крыльца, в нижней части кипарисов или в нижней части пальм. А в мае певчие птицы откладывали яйца и высиживали птенцов. У некоторых из них быстро появлялись громко вопящие детки.

Помощники Собачки

У хозяйки дома - Аленушки были две собачки – овчарка Тузик и Соня. Они жили в больших собачьих будках у самого дома, и наблюдали за всем происходящим вокруг. Это были очень понимающие, любящие и преданные друзья. Овчарки принимали жизнь такой, какой она была. Для них главным было радовать хозяев и служить тем, кто их приручил. Когда Аленушка кормила своих собачек, птенцы громко кричали, прося еду у своих сбившихся с ног родителей. Они всегда были голодными и хотели, чтобы Аленушка принимала участие в их кормлении.

Старшая овчарка Тузик выражал беспокойство по поводу проникновения птиц на его территорию. А его подружка Соня училась и подражала ему во всем. Вскоре собачки поняли, что хозяйка хочет, чтобы они изучили новую работу по защите птиц. Со временем, видя Аленушку, выходящую из дома с ружьем, смышленый Тузик даже понял от каких именно хищников надо защищать певчих птиц. Он начинал лаять на приближающихся ворон и ястребов, зовя хозяйку стрелять по разбойникам.

Защищаясь от Ворон

Рядом со спальней Аленушки, был высокий дуб. Ранним весенним утром множество певчих птичек сидели на нем, распевая свои прекрасные песни радости и приветствия новый день.

Иногда на крышу прилетали наглые вороны и топтались там с громким грохотом. Аленушка не выдерживала и подскакивала с кровати. Мало того, что эти грубиянки будили её раньше обычного, но еще они имели наглость прилетать так близко к человеческому жилью и орать, что было сил.

Она хватала свое ружьё, что всегда стояло в углу, и выскакивала из дома. Вороны разлетелись, громко осуждая её за не гостеприимство.

Певчие птички старались поселиться ближе к дому, чтобы сохранить свои гнезда и потомство. Но на ранчо было много агрессивных ворон. Когда мать певчей птички улетела за едой, вороны были тут как тут. Они летели к незащищенным гнездам и атаковали нежных птенцов.

Собачка Тузик, увидев издали подлетающих ворон, гавкал, как бы говоря: *«Настало время сделать что-то решительное против этих дерзких птиц»*. Он призывал хозяйку действовать более эффективно. Слыша мерзкие крики ворон, Аленушка обычно выскакивала из дома с ружьем и стреляла вверх, распугивая черных бандитов.

Вороны были умными птицами. По своей хитрой и наглой природе, вороны привыкли действовать совершенно неожиданно, исподтишка. Они могли атаковать даже ястреба, отгоняя его от своего гнезда. Но они боялись людей, громких криков и размахивающих рук.

Однажды, на закате солнца, вороны тихо подлетели очень близко ко двору, где на пальмах уже были новые гнезда певчих пташек. Черная стая ворон кружила вокруг, высматривая, чем бы поживиться. А потом они уселись невдалеке, наблюдая, нет ли поблизости угрозы ружья. Аленушка услышала грубый и громкий крик охотящихся ворон. Она давно изучила их повадки, и помогала маленьким птичкам в их борьбе за выживание. Увидев Аленушку с ружьем и собаками, вороны, громко крича противными хриплыми голосами, улетали так быстро, что порой теряли перья.

Но певчие птички и сами старались обороняться, как могли. У них даже были свои птички - смотрители. Эти птички сидели высоко на кипарисах, смотрели вокруг, убеждаясь, не приближается ли враг. Если они видели ворону, то смело атаковали её. Потом, они продолжали лететь за ней, пытаясь даже клюнуть ее в голову. Такие птички-охранники были во много раз меньше вороны, но они обладали невероятной смелостью. Эту смелость давала им их глубокая преданность семье, их любовь к своему дому и детям. Их смысл жизни был защищать свою семью всеми способами.

Уроки Отца

У разных птиц разные голоса. Некоторые поют громко и активно разговаривают друг с другом в течение дня. Однажды Аленушка наблюдала одну птичью семью, у которой недавно появился сын Бобби. Этот птенец был необычайно громким, голодным и нетерпеливым. Каждое утро и перед заходом солнца они приходят на поляну за едой. Мать-птица сразу же уходила вперед, подальше от мужа и ее очаровательного, но такого шумного сына. Ей хотелось наслаждаться завтраком в одиночестве и тишине. Но ее мужу не так повезло, и он должен был кормить их сына.

Птенец Бобби уже был такого же размера, как и его родители, но он не хотел что-то делать самостоятельно. Бобби бежал рядом с отцом, широко открыв рот, и громко кричал: *«Дай мне еды, дай мне еды!»*

Когда он видел, что его отец нашел что-то в траве, птенец сразу же подсовывал свой открытый рот ко рту отца. Выглядело так, что у отца не было другого выбора, как дать сыну то, что он нашел. Скрипучий, громкий голос ленивого сына, его постоянно открытый рот и надоедливые требования, казалось, ужасно надоели не только его родителям, но и всем обитателям сада. Несколько соседей прилетели на шум, посмотрели на эту досадную сцену, не одобрили ее и улетели по своим делам.

У трудолюбивого отца совсем не было времени поесть самому. Он прилагал много усилий, чтобы научить сына добывать еду самостоятельно и показывал, как это делать. Но птенец только один раз ткнулся в траву, ничего там не нашел, и продолжил бежать за своим отцом, требуя еды.

Каждый день Аленушка видела эту птичью семью в саду и легко узнавала громкий голос птенца. Но через несколько дней отец изменил свою тактику обучения. Когда он видел что-то вкусное в траве, то останавливался возле еды, ожидая, когда сын подойдет ближе. Затем мудрый отец хватал лакомый кусочек и убегал от своего голодного сына, сломя голову. А Бобби продолжал бежать за отцом, требуя еды, вместо того, чтобы найти её в траве.

Наконец мать не выдержала и подошла к раздражающему и вопящему птенцу. Как только он проглотил еду и опять открыл рот, она мгновенно прыгнула между ним и мужем, оттолкнув в сторону назойливого мальчишку. Птенец был в шоке от такого действия его матери, и стоял некоторое время молча. Но все же птенец еще не понял, что должен быть самостоятельным.

На следующий день отец попробовал что-то новое. Он нашел отличного червячка в траве и взял его себе в рот. Потом, вместо того, чтобы отдать еду своему сыну, отец просто держал эту «вкусняшку» и глядел в другую сторону. Так он проделал несколько раз, ничего не давая сыну.

Бобби решил посмотреть вниз и поковыряться в траве, но ничего там не нашел. Затем он поднял голову, подошел к отцу и открыл рот. Но его отец не дал ему ничего, он просто сам проглотил вкусную еду. А потом отец опять нашел что-то вкусное, но вместо того, чтобы отдать эту еду Бобби, он опять убежал от сына с клювом полным

еды. Он бежал от него и кричал: *«Попробуй еще раз, сын мой. Вся еда у тебя под ногами, просто ищи ее!»*

У Бобби не было другого выбора, кроме как начать самому искать еду. Его отец преподал ему хороший урок.

На следующее утро после завтрака Бобби и его родители провели семейную встречу. Они с радостью утвердили, что их сын уже имеет необходимые в жизни навыки поиска пищи. Но теперь пришло время учить его некоторым правилам хорошего тона, то есть, как вести себя в обществе.

Отец ему сказал: *«Бог дал тебе родителей. Но выбирать друзей ты будешь сам, и старайся сохранить их на всю жизнь».*

Мама-Птица добавила: *«Мы счастливы только тогда, когда у нас есть кто-то, с кем можно поделиться всем, что у нас есть. Чем больше ты делишься с друзьями тем, что имеешь, тем больше радости ты почувствуешь, и тем счастливее ты будешь в жизни».* С этими мудрыми мыслями они оставили Бобби одного устраивать свою жизнь на его собственный лад, и как он того желает.

На следующее утро это семейство снова прилетело в сад на поляну. Птенец Бобби почтительно ходил между своими гордыми родителями, находя еду самостоятельно. Когда его усилия были успешными, он был очень взволнован, но все же пытался говорить с родителями очень вежливо. И они радостно хвалили его за его усилия и старания. Было очевидно, что Бобби усвоил очень важный урок. Для того чтобы добиться успеха в любом, даже в птичьем обществе, необходимо быть приятным для окружающих.

Потом, на ближайшем дереве Аленушка увидела другое семейство птиц, которые учили своих птенцов мудрости жизни. Некоторое время она наблюдала, как они воспевали новый, прекрасный день. А затем она пошла по своим человеческим делам.

***

Совенок Степа

Однажды вечером хозяйка и её овчарки пошли гулять вдоль холмов. Внезапно собаки остановились, разволновались и возбужденно пытались забраться на пальму. Аленушка подошла ближе, и в наступающей темноте увидела очень необычное существо, сидящее вверх тормашками. Существо крепко держалось лапами за шершавый ствол, а его крылья были широко раскрыты. Казалось, что одно его крыло зацепилось за корявую поверхность пальмы, и он не мог двигаться. Малыш крутил головой, смотрел на всех огромными наивными глазами, и тяжело дышал от усилий.

Оказалось, что это был маленький совенок Степа. Он впервые выбрался из родительского гнезда, застрял на стволе пальмы, и не знал, что делать со своими огромными крыльями. Любящий голос его молодой матери был очень близко, и она побуждала его лететь к ней. Но совенок только открывал рот, пытаясь ей ответить, что у него нет сил, ни говорить, ни лететь.

Совенок Степа была очень милой и пухлой. Но у него не было еще никаких знаний об окружающем мире. Он не знал даже как использовать свои огромные крылья, спасаясь от опасности. Это знание было самым необходимым в его новой жизни.

Аленушка никогда не видела такого маленького совёнка и хотела ему помочь. Она заперла собак во дворе, где они продолжали сильно волноваться за все происходящее. Затем

Аленушка пошла в дом, позвала хозяина дома Виктушу, и принесла длинную палку с пушистым концом для уборки пыли. Виктуша протянул мягкую часть палки маленькой сове, и тот сразу же схватился за него. Но под тяжестью своего тела совенок повис на палке вверх ногами.

Хозяин Виктуша отнес птенца в открытый кузов грузовичка, что стоял на заднем дворе. Там совенок Степа уютно улегся, чувствуя себя в безопасности и начал отдыхать. Однако его мать очень расстроилась из-за того, что люди вмешались в дела её семьи и воспитание младенца. Она считала самым важным именно в этот вечер научить сына искусству спасительного полета. Мать-сова летала невдалеке, садилась на дерево и звала своего сына опять и опять лететь к ней. Она настойчиво уговаривала совенка приложить больше усилий к обучению: *«У нас есть только одна ночь! К утру ты должен это все усвоить!»*

Аленушка решила принести совенку немного воды и сухого собачьего корма. Но когда она вернулась, то птицы в грузовичке не было. *«Значит, его крылья не были повреждены!»* – обрадовалась Аленушка.

Однако она боялась, что совенок, может быть, упал где-то рядом. А темнело быстро, скоро могли прийти шакалы и загрызть малыша. Она попросила Виктушу поискать его, освещая землю фонарем. Вскоре они увидели совенка, тихо сидящего на краю дороги, глядя на людей большими желтыми глазами. Хозяин Виктуша сказал: *«Дай природе идти своим путем».* И они ушли спать.

Поздней ночью Аленушка все еще беспокоилась о птице и вышла посмотреть, что с ним случилось. Его не было в грузовике, он опять улетел, и вероятно успешно. Голос его матери был все еще слышен, но не так близко, как прежде. Она все еще учила птенца летать.

***

Утром

Наблюдательный Ястреб как-то заметил, что местные Совы гнездятся на западной стороне холма около дома Аленушка. Но только на восходе и закате солнца они вылетали из своего укрытия поохотиться или научить своих детей чему-то полезному. Смекалистый и вечно голодный Ястреб стал прилетать в это же время на западную сторону холма. Он часто кружил там, ожидая, когда же появится сова или ее детеныши.

Одним ранним утром Аленушка вывела своих овчарок на прогулку. Все были счастливы услышать, как отец Филин учил своего детеныша кричать на своем, особом языке. Отец и сын сидели на высокой пальме, и птенец осваивал новый урок. Отец-сова проделывал упражнение громко и уверенно,

16

и просил сына Степу повторить это. Но детёныш просто бормотал что-то в ответ своим тонким и нежным голоском. Их голоса были отчетливо слышны в округе. Недалеко от них сидела счастливая молодая мать-сова, и одобрительно продолжала звать своего совенка подлететь и к ней тоже, показать отцу его новое умение летать. Счастье и мир царили на ранчо.

Но как долго молодая семья будет с осторожностью наслаждаться безмятежным счастьем среди хищников дикой природы?

***

О Совах

Совы - удивительные, ночные птицы, которые расселяются только парами, соблюдая моногамию. Но пары сов не строят гнезда, а занимают расщелины, впадины или гнезда, оставленные другими птицами. Если в среде обитания много пищи, совы могут размножаться несколько раз в год, откладывая от трех до десяти яиц. Самка совы высиживает яйца, а самец совы участвует в кормлении потомства. Птенцы разного возраста могут жить в одном гнезде. Какое-то время родители кормят всех птенцов, но приоритет отдается старшим детям.

Совы никогда не едят падаль. А пищеварительная система этой птицы устроена так, что им нужно съесть целую тушку мыши. В зимний период они делают запасы и хранят их прямо в гнезде.

Для древних славянских культур сова считалась демонической силой. Птица была хранительницей подземных сокровищ и предвещала огонь или смерть. В христианстве крик совы считался песней смерти. Это символизировало опустошение, одиночество и печаль. Но всегда, помимо мистического символа, сова всегда была символом ума и мудрости.

В Египте к Совам относились с уважением и даже мумифицировали их. В центре вавилонского барельефа была женщина-богиня с крыльями и лапами совы. И по её бокам были изображены две совы, ее охранники и компаньоны.

***

Охота

Вдоль западной дороги на холмах было много высоких пальм. Хозяин посадил их много лет назад, чтобы защитить свои деревья авокадо от жаркого заходящего солнца. В конце этой дороги на последнем пальмовом дереве было гнездо ястреба.

В последние годы на ранчо развелось много ястребов, которые были злейшими врагами всех птиц. Ястреб просыпался с восходом и продолжал охоту до заката солнца. Хозяин ранчо был этому рад, потому что ястребы уничтожали крыс, белок и других мелких животных, наносящих вред плантациям. Но Аленушка не любила этих огромных, сильных и опасных хищников. Особенно один из них часто беспокоил ее. Он без устали летал над холмами, громко кричал, как бы предупреждая всех о своей триумфальной охоте. Этот ястреб не боялся никого и ничего, и часто подлетал к пальмовым деревьям дома, ища, чем бы полакомиться.

***

Новый день разгорался все больше и больше. Для семьи совы пришло время прятаться в укрытие. А потом спать весь день до захода солнца, до следующего вечера, когда безопасная тьма укроет их от врагов.

Но этим чудесным ранним утром молодая мама-сова все еще сидела недалеко от своего гнезда. Она была невероятно счастлива, что накануне научила сына Степу управлять крыльями и летать. А теперь она наблюдала, как любящий отец преподает детёнышу необходимые жизненные навыки и охотничьи приемы. Она лишь изредка посылала им свое одобрение, радуясь успехам сына. А в то же время, в обязанности отца входило находить еду своим детям. Так что, отец отлучился ненадолго и вскоре вернулся с жирной мышкой. Птенец наслаждался бесплатным завтраком в доме родителей, и тоненьким голоском бормотал слова благодарности за родительскую заботу.

Родители совенка так увлеклись его обучением, что не заметили, что ночь закончилась. Безопасная, удобная темная ночь была их другом, но она уже растворилась в новом дне. Медленно поднималось солнце. И с ним пришли всевозможные опасности.

В это раннее утро Аленушка и ее собаки, как всегда, шли по западной дороге на раннюю прогулку. Они тоже радовались любящим голосам молодых сов-родителей, увлеченно раскрывающих основы опасной жизни на ранчо.

Внезапно со стороны последней пальмы, где было гнездо ястреба, разразился ужасающий воинственный крик. Аленушка посмотрела вверх и остолбенела. Огромный ястреб мчался к месту, где сидел отец-сова со своим сыном. Аленушка побежала навстречу ястребу, замахала руками и закричала на него, пытаясь отпугнуть этого агрессивного хищника. Но ястреб не обратил никакого внимания на ее машущие руки и вопли. Тут же, немного дальше, раздалось предупреждающий и необычайно взволнованный крик матери-совы. Отважный отец старался защитить своего маленького птенца. Но что может сделать нежная сова против огромного ястреба?

***

На следующую ночь, гуляя перед сном с собаками, уже никто не слышал ни счастливого крика совы-матери, ни заботливого разговора отца с сыном, ни воркования маленького птенца. Над ранчо стояла гнетущая тишина.

Спустя три молчаливой ночи, сова начала искать своего друга, веря в чудо. Она перелетала с одного дерева на другое, посещая те места, где они проводили счастливое время. На следующую ночь, она взлетела на крышу дома, где они так часто встречались в лунные светлые ночи. Там сова долго сидела, посылая свои отчаянные призывы в тишину звездной ночи.

Аленушка не могла спать. Она с детства хорошо понимала язык животных. А после долгого времени жизни на ранчо, она научилась понимать язык птиц. Наконец она встала, вышла на улицу и сказала сове:

«Если ты найдешь себе нового друга, прилетайте ближе к дому, и селитесь здесь опять. Я постараюсь защитить вас всех от ястребов».

Сова повернула голову в сторону Аленушки, посмотрела на неё светящимися глазами, как бы понимая её слова. Несколько ночей подряд сова перелетала от дерева к дереву, сидела рядом с домом, зовя своего друга. И вдруг, произошло Чудо, и к ней прилетел её Друг. Жизнь продолжалась кругом вечности. После этого случая Аленушка ходила повсюду со своим ружьем, надеясь отомстить любящей, молодой сове.

Ястреб

На ранчо каждый зверек приносил свою пользу и для чего-то служил. Каждый их них на кого-то охотился, или был чъей-то добычей. Они имели разные привычки и разные способы выживания и защиты. Их всех объединял инстинкт выживания и защиты своих птенцов. Это было самым главным.

Однажды весной Аленушка с собаками Тузиком и Соней гуляли у последних пальмовых деревьев на их холме, чуть вдали от дома. Там, в пальмовых ветках, было тщательно спрятано гнездо ястреба с птенцами, а сама мать охотилась где-то в горах. Издали Аленушка увидела, что вороны огромной стаей подлетели к высокой пальме, где было гнездо ястреба. Несколько ворон сидели вокруг, оглядывая окрестности, и смотря, не летит ли ястреб защищать своих птенцов. Оглядевшись, и не видя опасности, самая большая ворона влезла в гнездо. А потом и другие присоединились к ней.

Аленушка и её преданные собаки побежали к пальме, крича и размахивая руками, пытаясь отпугнуть ворон. Но было уже поздно.

Вскоре мать-ястреб прилетела назад, и очень удивилась, увидев разгромленное гнездо. Она сидела на ветке, держа еду для птенцов в клюве, и в отчаянии вертела головой, ища врагов. Но вороны уже улетели далеко.

Властелины Неба

После того как вороны разгромили гнездо ястреба на последней пальме, они поселились подальше и повыше, на соседней высокой горе. Но около дома было больше мышей и белок. Так что, семья ястребов часто кружила в этом районе, высматривая еду.

Самец-ястреб громко кричал во время охоты и хвастался, что он властелин неба и может охотиться, где захочет. А самка ястреба охотилась молча, и тем была еще более опасна для мирных птичек. Ястреб был уже немолод, очень умен и наблюдателен. Он хорошо знал, что только около Аленушкиного дома на ближайших пальмах строят гнезда и выращивают вкусных птенцов разные птички.

Там же, на пальмах у бассейна, жили вечные трудяги – дятлы, которые работали весь день. Каждый день на пальмах можно было видеть нескольких дятлов, усердно стучащих по стволу. У дятлов был очень острый и сильный клюв, и они могли за себя постоять. Так что, Аленушка никогда не видела, чтобы на них охотились ястребы.

Самыми доверчивыми и безобидными на ранчо были голуби. Они ютились очень близко около дома, но все равно чаще всех становились легкой добычей для быстрых ястребов. Голуби жили тоже парами и ласково ворковали друг с другом. Они большую часть дня прятались под деревьями сада, лишь иногда вылетая на открытое пространство широкой дороги, ведущей к дому. Наивные и неосторожные птички бродили по ней, подбирая семена, и взлетали только в последний момент, когда машина или несущаяся к ним собака была совсем рядом. Иногда они

сидели на заборе, с любопытством оглядывая окрестности и ласково, тихо воркуя.

Ястреб стремглав, с диким криком пикировал на них и откусывал голубиную, глупую голову. А потом, так же стремглав, на огромной скорости он улетал высоко в небо.

У ястребов были еще более грозные родственники – орлы. Орлы могли легко схватить любое небольшое существо, зайца, кошку, утку и даже змею, унести в свое гнездо.

***

Встреча с Ястребом

Однажды перед заходом солнца, Аленушка с овчарками Тузиком и Соней как всегда шли на прогулку вдоль западной дороги. У последней пальмы они вдруг опять увидели ястреба, кружащегося высоко в небе. Зная, что вероятнее всего, ястреб высматривает гнездо совы, Аленушка сразу же стала бегать взад-вперед, размахивать курткой и громко кричать на ястреба. Собаки тоже заволновались, стали прыгать, и даже пытались взлететь.

Ястреб очень удивился такому раздражающему шуму и такой неожиданной помехе его охоте. Он стал кружить все ниже и ниже, с каждым кругом спускаясь все ближе к Аленушке и её собакам. Ястреб явно был удивлен, что кто-то вообще имеет смелость что-то ему кричать или указывать как он и на кого должен охотиться. Властелины неба не привыкли к этому. У них в природе вообще не было таких смельчаков, которые бы угрожали им.

Ястреб спустился так низко, что Аленушка увидела его острые, все видящие на дальние расстояния огромные глаза. Ястреб осмотрел всех внизу, и ядовито посмеялся. Ему было ясно и понятно, что его охоте ничего не угрожает. Но солнце уже почти село за горизонт и окрасило запад в яркие краски. Ему надо было возвращаться к себе домой.

Ястреб взмахнул крылом и улетел на дальнюю гору. Видимо, он все же решил, что лучше не рисковать и держаться подальше от столь громкой, махающей руками и куртками компании. Некоторое время Аленушка не видела ястреба на западной стороне плантаций и была этому очень рада.

О Птицах

На земле около 10 тысяч видов птиц, и некоторые ученые считают, что птицы произошли от небольших хищных динозавров. Человек издревле контактировал с птицами, охотясь на них или занимаясь птицеводством. Образы птиц встречаются в петроглифах (наскальных рисунках), в современном искусстве, в детских стихах и в серьёзных работах. Загадки и поговорки о птицах встречаются в фольклоре всех народов мира.

***

Раскрашивать

Просите

Я попросил у Бога воды, он дал мне океан. Я попросил у Бога цветок, он дал мне сад. Я попросил у Бога дерево, он дал мне лес. Я попросил у Бога друга, он дал мне тебя. В мире много тьмы. Но погасить её можно светом одной свечи. Это Свеча Любви, Надежды и Дружбы. Свеча ничего не теряет, зажигая другую свечу!

***

Сова - *Owl*

Синица - *Titmouse*

Какаду - *Cockatoo*

Орел - *Eagle*

Попугайчик - *Parrot*

Дубонос - *Dubonos*

Кричащая сова - *Screaming Owl*

Каракара - *Karakara*

Чёрный лебедь - *Swan (Black Swan)*

Ворона на лужайке - *Crow on the lawn*

Отгадай Загадки

Он живет на крыше дома.   Длинноногий, длинноносый, Длинношеий, безголосый. Он летает на охоту за лягушками к болоту (Аист).

***

Разносчик добрых он вестей. Несёт родителям детей. И, судя по всему, он был очень смекалистым: Устроился отлично (Аист).

***

В серой шубке перовой и в морозы он герой. Скачет, на лету резвится, не орёл, а всё же птица (Воробей).

***

Буян-мальчишка, В сером армячишке, По дворам шныряет, Крохи собирает. Кто это? (Воробей).

***

***

Всякая птица к своей стае летит.

***

Всякая птица свои песни поет.

***

Всякая птица своим носом сыта.

Поговорки

Лебединая верность

***

Воронья слободка

***

Ест, как воробушек

***

Повторяет, как попугай

***

Надулся, как индюк

***

Большой птице большое гнездо нужно.

***

Без хвоста и пичужка не красива (не красна).

***

Драчливый, как петух

***

Всякая птица своим пером красуется.

***

Всякая птица тепла ищет.

Утешение Садом

Пусть мир моего сада успокоит мои беспокойные часы. Пусть красота моего сада сияет в моей повседневной жизни. Пусть внутренняя сила моего сада придаст мне смелости. Пусть надёжность моего сада научит меня вере.

Пусть радостный цвет моего сада наполнит мое сердце песней. И пусть моё садовое зрение раскроет крылья моей души.

***

Бог создал райский сад с множеством прекрасных деревьев и чудесных фруктов. Там было дерево жизни, которое может подарить вечную жизнь. Там было дерево познания добра и зла, которое дарило смерть в этом же саду (Бытие 2:16).

***

Новые Книги

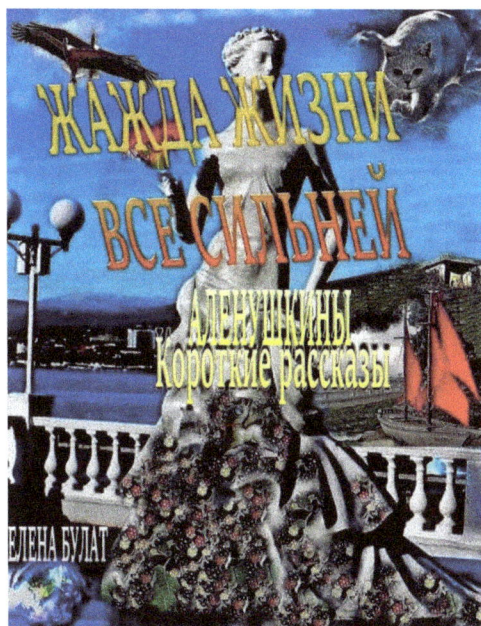

ЖАЖДА ЖИЗНИ
ВСЕ СИЛЬНЕЙ
АЛЕНУШКИНЫ
Короткие рассказы
ЕЛЕНА БУЛАТ

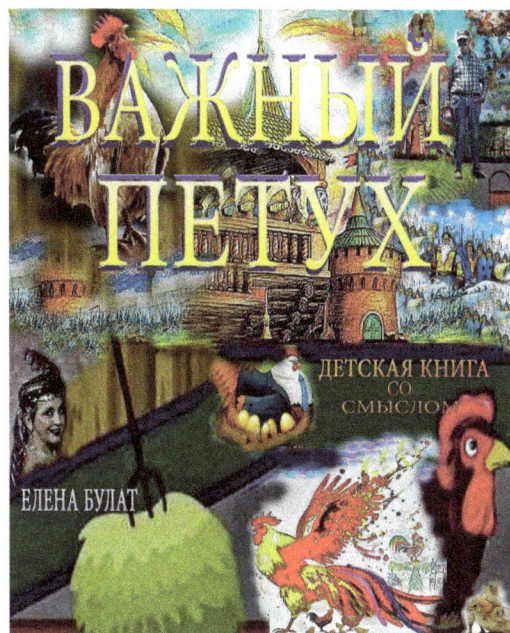

ВАЖНЫЙ ПЕТУХ
ДЕТСКАЯ КНИГА
СО СМЫСЛОМ
ЕЛЕНА БУЛАТ

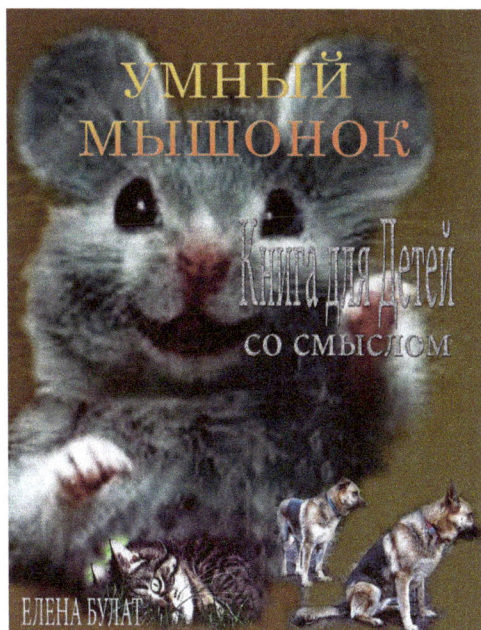

УМНЫЙ МЫШОНОК
Книга для Детей
СО СМЫСЛОМ
ЕЛЕНА БУЛАТ

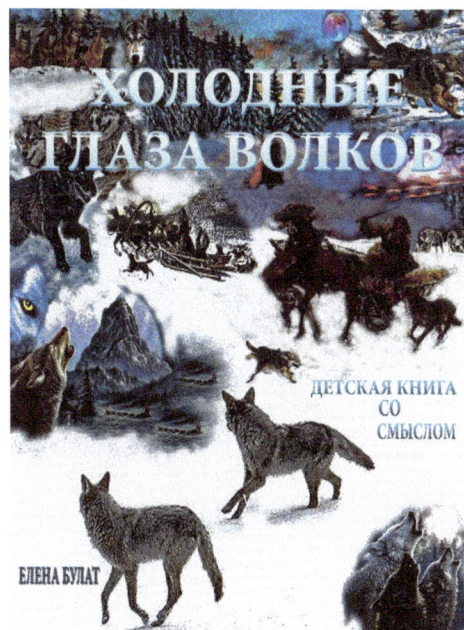

ХОЛОДНЫЕ ГЛАЗА ВОЛКОВ
ДЕТСКАЯ КНИГА
СО СМЫСЛОМ
ЕЛЕНА БУЛАТ

Все Права Защищены

978-1-952907-52-4

www.ingramcontent.com/pod-product-compliance
Lightning Source LLC
Chambersburg PA
CBHW042336030426
42335CB00028B/3367